Les bêtises des enseignants

Texte : Louise Tondreau-Levert
Illustrations : Mika

Dominique et compagnie

D1417286

Des enseignants, on en trouve dans les écoles du monde entier. Il y en a des grands, des petits, des lunatiques, des sportifs, des jeunes et des moins jeunes...

2

Qu'ils soient sévères ou permissifs,
ils sont toujours prêts à nous aider.
Ils ne se découragent pas
et n'abandonnent jamais.
Les profs sont vraiment chouettes !
Même s'ils oublient parfois
le nom de leurs élèves
ou font un bruit horrible
avec leur craie sur le tableau…

5

Juju et moi allons à l'école à pied. En chemin, nous rencontrons madame Fannie qui sort de sa voiture. Dans sa hâte, elle a oublié d'enlever ses pantoufles et quelques bigoudis.

– Oups! Je suis partie un peu vite! avoue notre enseignante.

cahier

7

Madame Fannie a les bras chargés de nombreux sacs remplis d'objets essentiels pour sa classe.
Nous lui offrons de l'aider à transporter ses affaires.
Elle refuse en expliquant que c'est trop lourd pour nou

Nous la suivons sans rien dire. Même si on voit bien que c'est trop lourd pour elle aussi...

Juste comme nous arrivons à l'école,
un des sacs de madame Fannie
s'éventre. Son contenu tombe dans
le seau du concierge. Nous sauvons
les crayons de la noyade, mais les cahiers
sont irrécupérables.

– Oups !
Un petit accident !
dit madame Fannie.

Une fois en classe, nous sortons nos livres
de lecture. Celui de madame Fannie
est tout mouillé. Elle le place sur le rebord
de la fenêtre pour le faire sécher.

Oh non! Un coup de vent le fait basculer
dans la rue!

– Zut ! Pas de chance !
s'exclame madame Fannie.

Comme elle n'a plus de livre, notre enseignante décide d'utiliser le tableau interactif.
Mais elle est incapable de le faire fonctionner correctement. Juju et moi devons intervenir, car lire la tête en bas, c'est trop éreintant!

– Bah! Une bête étourderie!
rigole madame Fannie.

15

Après la récréation, nous allons tous
au gymnase pour le cours d'éducation physique.
Aujourd'hui, nous jouons au basket.
Monsieur Gaspard nous apprend comment dribler.
Puis il lance le ballon pile dans le panier,
mais… oh! le ballon lui rebondit sur le nez.

– Ouille! s'écrie monsieur Gaspard
avant de tomber dans les pommes.

Après le repas du midi, nous sommes attendus
dans la classe d'arts plastiques. Monsieur Alfred
est un grand artiste. Il nous montre comment peindre
un tableau à la manière de Picasso.

Mais le peintre se laisse emporter par son inspiration.
Le sol en voit de toutes les couleurs !

C'est le moment que choisit monsieur le directeur
pour nous rendre visite. Sans le vouloir,
notre professeur d'arts plastiques lui fait
un maquillage de clown.

– Aïe ! C'est une énorme bavure ! s'excuse l'artiste.

La journée se poursuit sur une note de musique.

– Aujourd'hui, nous jouerons de la flûte, annonce madame Alice.

Sans attendre,
Juju et moi attaquons
la première mesure.
Les autres nous imitent
avec entrain.
Madame Alice
nous accompagne
au tam-tam.
Transportée
par le rythme,
notre professeure
crève la peau
de son tambour.

– Oh! Quelle terrible
maladresse! se lamente
l'enseignante.

Pour clore cette journée rocambolesque, on annonce un exercice d'évacuation. Tout le monde dehors!

Quand l'alarme sonne, madame Alice sursaute tellement qu'elle tombe de sa chaise.
Dans sa précipitation, monsieur Gaspard chute dans l'escalier et madame Fannie oublie de mettre ses chaussures. Elle se retrouve pieds nus sous la pluie

Monsieur Alfred, toujours un peu dans la lune, fonce sur le directeur et s'étale dans une flaque d'eau. Les taches de couleur de son tablier se répandent sur l'asphalte. Nous avons maintenant une cour d'école multicolore !

Le lendemain, tous nos enseignants sont absents.
En attendant les suppléants, le concierge
nous montre comment faire le ménage.
L'infirmier nous enseigne à appliquer un bandage.

Grâce à la cuisinière, nous apprenons
quels ingrédients mettre dans la soupe.
Puis la secrétaire nous explique toutes les fonctions
du photocopieur.

À la fin de la journée, nous sommes épuisés.
Il est grandement temps que nos professeurs
reviennent !

Sinon, qui va faire des bêtises à l'école ?

FIN !